동화로 읽고 명화로 보는 그리스 로마 신화

헤르마프로디토스와 살마키스

글·문정옥 | 그림·김혜란

도서출판 고래

옛날 프리기아에 '헤르마프로디토스'라는
용기 있고 모험심이 강한 소년이 살았어요.
"난 이제 어린애가 아니야. 어떤 모험이라도 할 수 있어!"
어느 날, 헤르마프로디토스는 혼자 여행을 떠났어요.

"와, 아름답다! 모든 게 새롭고 신기해.
여행에 나서길 정말 잘 했어."
헤르마프로디토스는 여행을 하며
더욱 자신감이 생겼어요.

여행을 떠난 지 여러 해가 지났어요.
헤르마프로디토스도 어느새 청년이 되었어요.
"이런 곳에 연못이 있다니……. 조금 쉬었다 가자."
아름다운 연못을 발견한 헤르마프로디토스는
발길을 멈췄어요.

"물맛이 참 좋군!
목욕을 하고 나면 기분이 더 좋아질 거야."
물 한 모금을 마신 헤르마프로디토스는
연못 속으로 천천히 들어갔어요.

이 연못 근처에는 '살마키스'라는 요정이 살고 있었어요.
살마키스는 헤르마프로디토스에게 살며시 다가왔어요.
"정말 멋진 분이군요. 저와 친구가 되어 주세요."
살마키스는 떨리는 목소리로 말했어요.

"난 혼자 있고 싶군요.
그러니 좀 비켜 주시겠어요?"
헤르마프로디토스는 귀찮아서
살마키스에게 화를 냈어요.

부끄러워 얼굴이 빨개진 살마키스는
나무 뒤로 숨었어요.
'두고 봐! 절대로 당신을 놓치지 않을 테니!'

아무도 보이지 않자,
헤르마프로디토스는 연못에서
맘껏 헤엄을 치며 즐거워했어요.

그런데 갑자기 연못 속에서 살마키스가 나타나더니
헤르마프로디토스를 껴안고 기도를 했어요.
"신들이시여! 제가 이분과 영원히 한 몸이 되게 해 주세요."
헤르마프로디토스가 도망칠 새도 없었어요.

살마키스의 간절한 기도가 이루어졌는지
헤르마프로디토스는 온몸이 터질 것 같은
아픔을 느꼈어요.
잠시 후, 아프던 몸이 감쪽같이 나았어요.
"이제 살 것 같군. 그런데 기분이 이상한걸."

제 몸을 내려다보던 헤르마프로디토스는
깜짝 놀랐어요.
"아, 내게 이런 일이 일어나다니!"
멋진 청년이던 제 모습이 남자도,
여자도 아닌 몸이 되어 버린 거예요!

신화 박사

살마키스의 연못

헤르마프로디토스는 이 연못에서 물의 요정 살마키스로 인해 남성도, 여성도 아닌 몸으로 변해 버렸어요. 이에 화가 난 헤르마프로디토스는 헤르메스와 아프로디테에게 이 연못에 뛰어든 사람을 모두 자신과 똑같은 몸으로 만들어 달라고 빌었지요. 결국, 이 소원은 이루어져 살마키스의 연못에 빠진 사람은 누구든 헤르마프로디토스와 같은 몸을 갖게 되었답니다.

"이 연못엔 아무도 들어오지 말아요.
누구든 나처럼 되고 말 테니까."
헤르마프로디토스는 제 몸속에 있는
살마키스가 미워 밤새도록 울부짖었어요.
그날 밤, 헤르마프로디토스의 울부짖는 소리에
신과 요정들도 밤새 잠을 이루지 못했답니다.

헤르마프로디토스와 살마키스

헤르마프로디토스는 헤르메스와 아프로디테 사이에서 태어난 아들이에요.
헤르메스와 아프로디테는 그들의 이름을 따서 아기의 이름을 헤르마프로디토스라고 지었지요.
아프로디테의 원래 남편은 대장장이 신 헤파이스토스였어요. 그런데 아프로디테는 헤파이스토스의 눈을 피해 헤르메스와 사랑을 나눠 헤르마프로디토스를 낳았지요. 그러고는 헤르마프로디토스를 이다 산에 버렸어요.
그곳에서 요정들의 보살핌을 받으며 자란 헤르마프로디토스는 모험심이 아주 강했어요.
그는 열다섯 살이 되던 해, 이다 산에서 내려와 세상 구경을 떠났지요.
이다 산을 떠나 소아시아 칼리아 지방까지 간 헤르마프로디토스는 어느 맑고 아름다운 연못에 닿았어요.
그 연못에는 '살마키스'라는 물의 요정이 살고 있었지요.
살마키스는 헤르마프로디토스를 보자마자 한눈에 반해 사랑을 고백했어요.
헤르마프로디토스는 아주 잘생겨서 많은 여성들의 마음을 설레게 했지만, 사랑에는 전혀 관심이 없었어요. 이에 그는 살마키스의 사랑을 거부했지요.
살마키스가 다시 한 번 헤르마프로디토스에게 다가가자, 헤르마프로디토스는 살마키스에게 귀찮게 하지 말라며 화를 내었어요. 이에 살마키스는 너무나 부끄러워 서둘러 자리를 피했답니다.

한편, 연못 주변에 아무도 없는 것을 확인한 헤르마프로디토스는 연못에 몸을 담그고 물놀이를 했어요.
그때 갑자기 연못 속에서 살마키스가 나타나더니 그의 몸을 와락 껴안았지요.
깜짝 놀란 헤르마프로디토스는 살마키스를 떼어 내려고 애를 썼어요.
하지만 마치 한 몸인 것처럼 살마키스가 떨어지지 않았지요.
그 순간, 살마키스는 신들에게 헤르마프로디토스와 자신이 한 몸이 되어 영원히 떨어지지 않게 해 달라고 빌었어요.

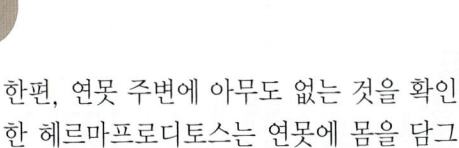

살마키스의 기도를 들은 신들은 그녀의 기도를 받아들여 그들을 한 몸으로 만들어 주었지요.
헤르마프로디토스는 제 뜻과는 상관없이 결국 남성도 아니고 여성도 아닌 몸이 되고 말았답니다.
이때부터 헤르마프로디토스는 한 몸에 남녀의 성을 함께 지니게 되었지요.
제 몸을 보고 슬픔에 빠진 헤르마프로디토스는 헤르메스와 아프로디테에게 이 연못에 뛰어드는 모든 사람들이 자신과 같은 몸을 갖게 해 달라고 빌었어요.
헤르마프로디토스를 가엾게 여긴 헤르메스와 아프로디테는 그의 소원을 들어주었지요.
한편, 프랑스 파리 루브르 박물관에 가면 남성과 여성의 아름다움이 동시에 표현되어 있는 신비로운 헤르마프로디토스 조각상을 볼 수 있답니다.

GREEK & ROMAN MYTHOLOGY

명화로 보는 신화 이야기

헤르마프로디토스와 살마키스

| 연못의 요정 나이아스 (루카스 크라나흐)

살마키스는 나이아스 가운데 하나였어요. 나이아스는 샘이나 분수, 연못의 요정이었지요. 때문에 이 그림 속의 나이아스 곁에도 분수가 그려져 있답니다.

| 잠자는 헤르마프로디토스

프랑스 파리 루브르 박물관에 있는 이 작품은 남성과 여성의 아름다움을 동시에 표현하고 있어요.

그렇게 세월이 흘러 트로이 전쟁이 일어났을 때였어요.
어느 날, 카산드라가 아폴론에게서 받은 예언의 능력을 발휘하여 이렇게 말했어요.
"파리스가 스파르타에 방문하면 트로이에 큰 불행이 닥칠 거예요."
하지만 아폴론이 그녀에게 준 예언의 능력 중에서 설득력을 가져가 버리는 바람에 그녀의 예언을 믿는 사람은 아무도 없었지요.
그러나 얼마 뒤, 카산드라의 예언대로 파리스와 헬레네 때문에 트로이 전쟁이 시작되었어요.
또, 오디세우스의 계략(어떤 일을 이루기 위한 꾀나 수단)으로 그리스 군이 거대한 목마를 남기고 물러났을 때였어요.
"목마를 성안으로 들여놓으면 안 돼요!"
카산드라가 목마에 관심을 보이는 사람들에게 소리쳤어요. 그러나 이번에도 사람들은 카산드라의 말을 믿으려고 하지 않았지요.
결국, 트로이는 목마 안에서 나온 그리스 군에 의해 멸망하고 말았어요.
그 뒤, 이 신화 속 카산드라의 이야기를 바탕으로 겉으로는 그럴듯하지만 현실적으로는 아무 소용이 없는 빈말을 '카산드라의 예언'이라고 부르게 되었답니다.

예언자 카산드라

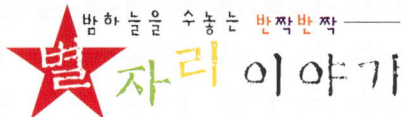
밤하늘을 수놓는 반짝반짝 별자리 이야기

히드라를 물리친 헤라클레스 **바다뱀자리**

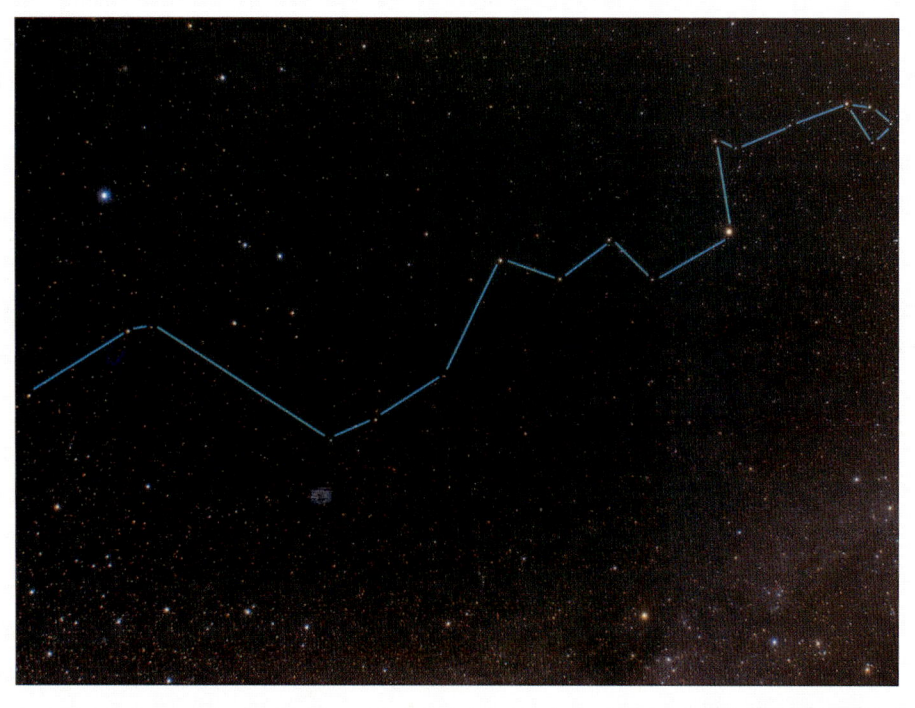

헤라클레스는 에우리스테우스 왕으로부터 머리가 아홉 개 달린 괴물 히드라를 없애라는 명령을 받고 히드라를 찾아갔어요.

하지만 머리를 아무리 잘라 내도 금방 머리가 다시 생겨나는 바람에 히드라를 없앨 수가 없었지요. 그러나 헤라클레스는 입을 크게 벌리고 공격해 오는 히드라의 머리를 벤 다음, 그 자리를 불로 지져 더 이상 머리가 생겨나지 않게 해 히드라를 물리쳤어요.

한편, 하늘에서 이 싸움을 지켜보던 제우스는 아들 헤라클레스의 승리를 기념하기 위해 히드라를 밤하늘에 올려놓았답니다.

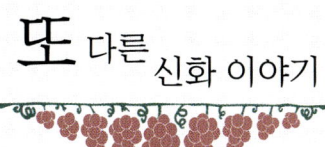 

카산드라의 예언

'알렉산드라'라고 불리는 카산드라는 트로이의 마지막 왕인 프리아모스와 헤카베의 딸이었어요.
또 트로이의 3대 예언가로 꼽혔던 헬레노스와는 쌍둥이 남매 사이였지요.
세월이 흘러 카산드라는 아름다운 여인으로 자랐어요.
하루는, 예언의 신 아폴론이 카산드라를 보고 한눈에 반해 사랑에 빠지고 말았어요.
"오! 아름다운 카산드라……. 내 사랑을 받아 주세요."
하지만 카산드라는 코웃음만 칠 뿐 아폴론의 사랑을 받아 주지 않았어요.
이에 아폴론의 사랑은 더욱더 깊어져만 갔지요.
그러다가 아폴론은 카산드라의 마음을 빼앗을 수 있는 좋은 방법을 생각해 냈어요.
"카산드라, 만약 그대가 내 사랑을 받아 준다면 내가 가진 예언의 능력을 나누어 주겠소."
"정말요?"
아폴론의 제안에 카산드라가 큰 관심을 보였어요.
그 뒤, 아폴론은 약속대로 카산드라에게 예언의 능력을 주었지요.
하지만 카산드라는 아폴론에게 예언의 능력만 받고, 아폴론의 사랑은 받아 주지 않았어요.
'감히, 나와의 약속을 어기다니…….'
아폴론은 약속을 지키지 않은 카산드라에게 크게 화가 났어요.
그래서 자신이 주었던 예언의 능력 중에서 '설득력'을 빼앗아 버렸지요.
이로써 어느 누구도 그녀의 예언을 믿으려 하지 않았답니다.

GREEK & ROMAN MYTHOLOGY

| 헤르마프로디토스와 살마키스

| 살마키스와 헤르마프로디토스 (슈프랑거)

| 헤르마프로디토스

| 헤르마프로디토스와 살마키스
(프랑수아 요셉 나베스)